mêmes ; depuis qu'ils sont rentrés dans leur patrie, depuis qu'ils ont vu la France rendue à ses rois légitimes , ainsi qu'à la pureté de son culte ; ils n'ont encore pu obtenir justice, relativement aux biens dont il a été révolutionnairement disposé pendant leur proscription.

On se rappelle que leurs biens avaient d'abord été confisqués au profit de l'Etat ; qu'ensuite, ils furent remis à leurs parens en degré de succéder ; à raison de ce que ces malheureux proscrits étaient supposés en état de mort civile.

Or, lorsque, rappelés dans leur patrie, et réintégrés dans leurs droits civils, ils se sont présentés pour reprendre la possession de ces biens ; presque partout les détenteurs se sont refusés à leur en faire la remise ; et les Autorités ont consacré ce refus.

D'un autre côté, on annonce que pour raison de ces mêmes biens que la Révolution leur a enlevés, ils ne seront pas admis à l'indemnité.

Examinons donc si, en effet, on était fondé à leur dénier la remise de leurs biens non vendus ; et subsidiairement, au cas qu'ils demeurent définitivement privés de leurs biens-fonds, s'ils n'ont pas droit à en être indemnisés.

(131)

Pour parvenir à la solution de cette double question, il est nécessaire de retracer d'abord, sommairement, la série des lois ou décrets rendus sur ce sujet.

§. Ier.

Lois de la Révolution, concernant les Prêtres dits réfractaires.

Le 26 août 1792, premier Décret qui enjoint aux ecclésiastiques qui ont refusé le serment, de sortir de France, dans le délai de dix jours, à peine d'être saisis et déportés à la *Guyanne.*

Et quant aux vieillards caducs ou infirmes, qui seraient reconnus hors d'état de sortir de France, il est ordonné qu'ils seront mis et retenus en réclusion, dans une maison commune, au chef-lieu de leur département.

17 septembre 1793, deuxième Décret portant que les dispositions relatives aux émigrés, sont en tous points applicables aux déportés.

30 vendémiaire an 2 (21 octobre 93), troisième Décret qui prononce peine de mort contre ceux des ecclésiastiques insermentés, qui seront trouvés sur le territoire français. — Même peine contre les par-

9 *

2ᵉᵐᵉ. SUPPLÉMENT

AU

MANUEL

DE L'INDEMNITÉ

DES ÉMIGRÉS,

DES DÉPORTÉS ET CONDAMNÉS

CONSULTATION

Concernant les ECCLÉSIASTIQUES ci-devant
DÉPORTÉS, sous le rapport de leur Droit à
l'indemnité.

AUTRES QUESTIONS ET SOLUTIONS
sur la même matière.

DÉCISIONS MINISTÉRIELLES

Par M. G...., Avocat.

A PARIS,

CHEZ LES LIBRAIRES DU PALAIS-ROYAL,
ET PICARD, AU BAS DU PONT-NEUF, QUAI CONTY.

1825.

IMPRIMERIE PORTHMANN, RUE Sᵗᵉ.-ANNE, Nᵒ. 43.

2ᵉᵐᵉ. SUPPLÉMENT

AU

MANUEL DE L'INDEMNITÉ

DES ÉMIGRES, CONDAMNÉS ET DÉPORTÉS.

CONSULTATION

Concernant les Ecclésiastiques ci-devant DÉPORTÉS, *et spécialement sur leurs droits à l'Indemnité.*

Il existe encore un grand nombre de ces pieux et fidèles ecclésiastiques, qui, incapables de transiger avec leur conscience, se dévouèrent courageusement à subir toutes les horreurs de l'exil et de la misère, plutôt que de prêter un serment qui blessait leurs principes, dont la formule leur parut contenir une dérogation à leurs sermens antérieurs.

Et, qui le croirait! Ces martyrs de la foi, dont le Monde entier admira l'héroïque constance, dont les vertus finirent par désarmer leurs persécuteurs

9

ticuliers qui les auront recelés. — Récompense à quiconque les dénoncera.

22 ventose an 2 (12 mars 94), quatrième Décret qui déclare acquis à la République, même les biens des vieillards infirmes mis en réclusion.

13 messidor an 3 (1er. septembre 95), la vente de leurs biens est suspendue.

20 fructidor suivant, Décrété en principe , que leurs biens seront remis à leurs familles.

22 fructidor an 3 (8 septembre 95), Décret qui rapporte définitivement ceux antérieurs prononçant confiscation des biens des ecclésiastiques déportés ; qui ordonne que leurs biens, ou leur valeur, seront remis , soit à ceux desdits ecclésiastiques qui seront relevés de la déportation ou réclusion , soit aux héritiers présomptifs de ceux qui resteront en état de mort civile.

5 brumaire an 4 (27 octobre 95), Décret qui prescrit de mettre à exécution, dans les vingt-quatre heures, les lois de réclusion et de déportation contre les prêtres dits réfractaires.

19 fructidor an 4 (5 septembre 96), Loi qui autorise les prêtres mis en réclusion, à reprendre dès-à-présent la jouissance de leurs biens , et enjoint à ceux qui s'en seraient emparés, en qualité d'héritiers présomptifs, à les leur restituer sans délai.

26 fructidor de la même année 4 (12 septembre 95), Loi portant « que les ecclésiastiques sujets à la réclusion ou à la déportation, qui en ont été ou qui en seront relevés, et qui se trouveraient *inscrits sur une liste d'émigrés*, seront envoyés en possession de leurs biens, par les Administrations départementales : en justifiant devant elles, qu'ils n'avaient pas quitté le territoire français depuis le 9 mai 1792, jusqu'au moment de la loi de déportation. »

7 fructidor an 5 (24 août 97), Loi qui abroge les peines de déportation et de réclusion contre les prêtres insermentés.

Le 19 du même mois, Loi portant que le Directoire exécutif est investi du pouvoir de déporter, par des arrêtés individuels motivés, les prêtres qui troubleraient la tranquillité publique.

5 brumaire an 9, Décret des Consuls, portant que les Commissaires généraux de police recevront les déclarations des ministres des cultes et leur promesse de fidélité à la constitution de l'an 8, *même quand ils n'auraient pas prêté les sermens prescrits par les lois antérieures.*

Telles sont les lois de la matière.

En vertu de ces dernières lois, les prêtres reclus furent remis en liberté.

Ceux déportés ou fugitifs ont été admis à rentrer en France.

Et ils y sont rentrés successivement.

Mais, lorsqu'ils se sont présentés à ceux de leurs parens qui détenaient des portions de leur ancien patrimoine, presque tous ont éprouvé des refus, des résistances ; et il n'est que trop vrai, que ces résistances ont été appuyées de plusieurs décisions, tant des Tribunaux, que de l'Autorité administrative.

C'est dans cette position des choses, qu'on nous demande quelle sera l'indemnité des ecclésiastiques ci-devant *déportés* ou bannis ?

§. I I.

QUESTION *à résoudre.*

L'indemnité sera-t-elle bornée à ceux de leurs biens seulement qui ont été vendus par le fisc, et dont les prix de vente ont été versés dans les caisses de l'Etat ? Ou plutôt, ne doit-elle pas s'étendre à ceux de leurs biens qui ont été attribués à leurs parens, et que ceux-ci ont été autorisés à retenir ?

(135)

§. I I I.

DISCUSSION.

Voyons d'abord la Loi *du 27 avril dernier.*

A cet égard, elle se contente de dire, *Art.* 1er. :

« *Trente millions.... sont affectés à l'indemnité*
» *due par l'Etat aux Français dont les biens-fonds,*
» *situés en France au* 1er. *janvier* 1792 , ONT ÉTÉ
» CONFISQUÉS ET ALIÉNÉS *en exécution des lois*
» *sur les émigrés, les* DÉPORTÉS, *et les condamnés*
» *révolutionnairement.* »

Pour la négative, on dit : qu'aux termes de cet article, l'Etat ne s'est chargé d'indemniser les déportés, que pour raison de leurs biens-fonds qui ont été *confisqués* ET ALIÉNÉS;

Que ces derniers mots ne désignent que les biens qui furent, non-seulement confisqués, mais de plus *aliénés*, c'est-à-dire vendus par l'Etat;

Que c'est dans ce sens que le mot *aliéner* se prend toujours dans le style des lois et des contrats;

Que l'on ne peut pas dire, des biens qui, confisqués d'abord sur les prêtres déportés, furent ensuite remis à leurs parens, qu'ils aient été *aliénés* par l'Etat; puisqu'au contraire, ils leur furent délaissés à titre d'héritage ou de succession; que c'est la même chose que s'ils eussent été remis aux déportés eux-mêmes.

Serait-il juste, dit-on encore, que l'Etat fût tenu de payer une indemnité, pour raison de biens qu'il n'a point retenus, qu'il n'a point vendus, dont il n'est rien resté dans ses mains, qu'il a remis intégralement aux familles des déportés ?

On conclut enfin, que, par la loi du 27 avril dernier, l'Etat n'est chargé d'indemniser *les déportés*, ainsi que les émigrés, que des biens-fonds confisqués sur eux ET ALIÉNÉS, c'est-à-dire *vendus au profit de l'Etat;*

Que les biens dont il s'agit n'ont pas été *aliénés;* qu'ainsi, aucune indemnité n'est due pour raison de ces biens.

Mais, si un tel système pouvait prévaloir, quel serait donc le sort de ces malheureux proscrits, connus sous le nom de prêtres *déportés?*

Quoi! déjà repoussés de toute rentrée dans les biens qui existent encore en nature dans les mains de ceux auxquels ils furent gratuitement attribués pendant leur exil, ils seraient de plus privés de tout dédommagement pour la perte de ces biens!

Quoi! parce que leurs propriétés ne furent pas précisément vendues, comme celles des émigrés, mais concédées gratuitement à certains individus qui n'y avaient aucun droit, ces vénérables pasteurs, presque tous dans la caducité de l'âge, dans le besoin et l'indigence , seraient exclus de toute participation à l'indemnité !

Ainsi, cette classe de proscrits serait traitée avec moins de faveur que les autres ! Que dis-je, ils seraient traités avec une véritable barbarie, ces vertueux ministres des autels , qui montrèrent une si religieuse fidélité à leurs sermens, une résignation si touchante dans les souffrances de leur exil; pour lesquels l'inexorable assemblée même qui les avait proscrits, ne put s'empêcher de manifester, sur la fin de sa session, quelques sentimens de regrets et de commisération !

Mais non; il n'en sera pas ainsi.

L'intention de la loi, l'esprit du Gouvernement actuel, les sentimens d'équité qui dominent seuls maintenant dans les Conseils, nous garantissent que justice sera enfin rendue à ces victimes de la plus inique des persécutions.

§. IV.

Esprit, résultat des dernières Lois concernant les Prêtres déportés.

Et d'abord, sans entendre nous écarter aucunement du respect qui est dû, et que nous portons aux Autorités qui jusqu'ici se sont prononcées en faveur des parens détenteurs, nous oserons néanmoins nous permettre d'énoncer une opinion toute contraire.

Oui, dans la sincérité de notre conscience, nous dirons que notre pensée est, que l'on a mal entendu les lois de l'an 3 et de l'an 4; que l'on a abusé, et de l'art. 16 du sénatus-consulte de l'an 10, et de l'article 1er. de la loi du 5 décembre 1814, pour en induire que les parens devaient être maintenus dans leur injuste détention, au préjudice des légitimes propriétaires.

En effet, revoyez ces lois; méditez-en les dispositions; interrogez leur esprit;

Et vous ne tarderez pas à demeurer convaincus, que ces parens n'étaient que de simples *dépositaires* des biens des déportés; qu'ils étaient tenus de leur en rendre la jouissance, aussitôt que ceux-ci furent relevés de leur bannissement.

D'abord, *la loi du 22 fructidor an 3.*

Que porte-t-elle?

Après avoir abrogé les décrets antérieurs qui avaient *assimilé aux émigrés* les ecclésiastiques *déportés* ou *reclus*, et en conséquence desquels le

(139)

fisc avait appréhendé leurs biens, cette loi dit,
art. 2 :

« *Les confiscations* qui ont eu lieu contre lesdits
» ecclésiastiques, *cesseront d'avoir leur effet.* »

Puis, art. 3. — « *Les biens,* ou leur valeur, *seront*
» *remis sans délai*, soit *à ceux desdits ecclésias-*
» *tiques qui pourraient être relevés de l'état de dé-*
» *portation, réclusion, ou mort civile. . . . . .* »

Comme on le voit, cette loi ne dit pas qui *ont été*
ou *qui sont* relevés; mais QUI POURRONT *être re-*
levés....

Expressions qui se rapportent *au futur*, et à un
futur indéfini; car aucun terme à ce relief n'est
préfixé dans les articles suivans.

Ensuite la loi dit : — « *Soit aux héritiers pré-*
» *somptifs de ceux* QUI RESTERONT *en état de mort*
» *civile, par les jugemens ou arrêtés qui les ont*
» *condamnés à la déportation, ou réclusion* A
» VIE. »

De ces dernières expressions, il résulte bien certainement deux choses :

Premièrement, que la loi ne considère comme
frappés de *mort civile,* que ceux qui ont été condamnés à la déportation, ou à la réclusion à vie, par
des *jugemens ou arrêtés formels;*

Deuxièmement, que ce n'est qu'autant qu'ils resteront *toute leur vie* dans cet état *de mort civile*, que leurs héritiers, qui vont être mis en possession de leurs biens, en resteront aussi définitivement saisis.

Ceci va devenir plus évident encore par les deux lois suivantes.

Après les événemens des 13 et 14 vendémiaire an 4, la Convention rend un décret (3 brumaire an 4) qui ordonne de mettre rigoureusement à exécution les lois de déportation et de réclusion contre les prêtres insermentés.

En conséquence, plusieurs de ces ecclésiastiques sur lesquels on avait fermé les yeux, sont arrêtés et incarcérés; et d'avides parens s'empressent de se mettre en possession de leurs biens, comme y étant autorisés par la loi du 22 fructidor précédent.

Le 19 fructidor an 4, le Corps législatif, qui avait remplacé la Convention, rend la loi suivante :

« Considérant que la loi du 22 fructidor an 3, qui lève la confiscation des biens des prêtres reclus ou sujets à la réclusion, n'en interdit la jouissance qu'à ceux de ces ecclésiastiques, qui, *ayant été condam-*

nés par un jugement légal, ont encouru la peine de la mort civile ;

» Considérant que la loi du 3 brumaire dernier, en ordonnant l'exécution des lois concernant les prêtres reclus, a déclaré qu'elle *n'entendait rien changer aux dispositions de celle du* 22 *fructidor ;* que néanmoins, quelques Administrations en ayant mal saisi le sens, il en est résulté des dispositions contraires aux principes consacrés dans ces lois ;

» Considérant qu'il est instant de faire cesser une erreur qui, en favorisant des *prétentions odieuses*, *de la part des héritiers* présomptifs, *attaque le droit de propriété*, et ajoute à la rigueur de la loi....

Art. 1er. «Les ecclésiastiques, dont la réclusion a été ordonnée par la loi du 3 brumaire dernier, sont autorisés à reprendre la possession et jouissance de leurs biens.

2. « Leurs héritiers présomptifs, qui s'en seraient emparés, et qui s'en trouvent actuellement nantis, sont *tenus de les leur restituer sans délai*, *sans pouvoir se prévaloir de leur réclusion.* »

Ainsi, par cette loi, celle du 22 fructidor an 3, est de nouveau confirmée dans tout ce qu'elle contenait de favorable.

Il est rappelé notamment, qu'on n'avait entendu maintenir en état de mort civile, et priver de leurs biens, que ceux qui avaient été personnellement

(142)

condamnés, par des jugemens ou *arrêtés légaux*,
à la déportation ou à la réclusion *à vie*.

En conséquence, ceux qui n'avaient été mis en réclusion que par une mesure générale, et sans jugement individuel, sont, quoique détenus, autorisés à
reprendre la possession de leurs biens.

Les parens à qui il en avait été fait délivrance par
les Administrations, sont *tenus de leur en restituer
la jouissance, sans pouvoir se prévaloir de leur réclusion.*

Or, les déportés n'avaient aussi été déportés
que par *mesure générale.*

Très-peu avaient été condamnés par des jugemens
ou arrêtés individuels.

Donc, quoique déportés, ils n'étaient pas en état
de mort civile; ils étaient simplement *absens.*

Donc ceux de leurs parens à qui leurs biens furent
remis en cet état d'absence, n'en étaient pas définitivement saisis. Il n'en étaient que *dépositaires,* que
possesseurs *provisoires.*

Donc ils étaient tenus de remettre ces biens à
leurs légitimes propriétaires, quand ceux-ci se repré-
sentèrent.

Un Décret de la Convention, du 26 floréal 3, avait
statué que ceux qui jusqu'à ce jour n'avaient pas ré-
clamé contre leur inscription sur les listes d'émigrés,

y demeureraient définitivement maintenus, et seraient réputés émigrés.

Plusieurs ecclésiastiques avaient été incrits sur
des listes d'émigrés, en même temps qu'ils étaient
déportés ou reclus; et le fisc se refusait à remettre
leurs biens, soit à eux, soit à leurs parens, sous prétexte des lois relatives aux émigrés, et de l'expiration
des délais pour demander la radiation des listes.

Informé de ces difficultés, le Corps législatif,
donna l'explication suivante, le 26 fructidor an 4 :

« Considérant qu'il est instant de lever les obs-
tacles qui s'opposent à la pleine et entière exécution
de la loi du 22 fructidor an 3. . . . .

» Art. 1. « La loi du 26 floréal an 3 n'est point applicable aux ecclésiastiques sujets à la réclusion ou
à la déportation.

3. « Les ecclésiastiques sujets à la réclusion ou à
la déportation, *qui en ont été, ou* QUI EN SERONT
RELEVÉS, et qui se trouvent *inscrits sur une liste
d'émigrés*, seront envoyés en possession de leurs
biens par les Administrations départementales; en
justifiant devant elles qu'ils n'ont pas quitté le territoire de la République depuis le 9 mai 1792 jusqu'au
moment de la loi qui les déporte.

4. « Dans le cas où lesdits ecclésiastiques *ne seraient pas relevés de l'état de réclusion ou déportation*, ou seraient *décédés*, leurs biens seront res-
titués à leurs héritiers présomptifs; à la charge, par

eux de faire la preuve ordonnée par l'article précédent. »

Cette dernière loi confirme la distinction déjà faite entre *l'état de réclusion et déportation*, simple, et *l'état de mort civile.*

Entre *l'état de mort civile*, qui ne pouvait résulter que d'un *jugement légal* de condamnation individuelle à la déportation ou réclusion *à vie*;

Et l'état de réclusion ou déportation, simple, par mesure générale, qui n'emportait pas la mort civile.

La mort civile seule, opérait ouverture de la succession et dévolution des biens, au profit des héritiers présomptifs.

L'état de réclusion ou déportation *simple*, sans jugement légal, n'emportait pas ouverture de la succession, pas de dévolution des biens aux héritiers; les biens ne cessaient pas d'appartenir au propriétaire reclus ou absent.

Conséquemment, si l'héritier présomptif en était néanmoins mis en possession, il n'en avait qu'une possession précaire et provisoire, en attendant le retour de l'absent, ou la liberté du reclus.

Voilà ce qui résulte bien évidemment de la combinaison des trois lois des 22 fructidor an 3, 19 et 26 fructidor an 4.

(145)

Or, encore une fois, tous, ou presque tous les déportés, le furent sans jugement, sans aucune forme
ni examen, **par** une mesure générale et purement
arbitraire.

Aussi la loi même de cette proscription ne pro--
nonça-t-elle d'abord contre eux, ni confiscation,
ni mort civile.

Ce ne fut que par un décret subséquent, rendu à
l'époque des plus horribles excès, que l'on imagina
d'assimiler les déportés aux émigrés, et, par suite, de
réputer leurs personnes frappées de mort civile, et
leurs biens acquis au fisc révolutionnaire.

**Mais, comme on l'a vu, cet acte de démence et de
brigandage ne tarda pas à être révoqué. Ses auteurs
même en eurent une sorte de honte.**

Et, par leur décret de fructidor an 3, ils décla-
rèrent solennellement qu'ils n'entendaient plus considérer comme atteints de mort civile, que ceux des
ecclésiastiques, qui auraient été individuellement
condamnés à la déportation, *par des arrêtes ou jugemens rendus en forme légale.*

A l'égard de ceux-ci seulement, il fut dit qu'ils
resteraient en état de mort civile, jusqu'à ce qu'ils en
fussent relevés.

A l'égard de ceux-ci seulement, et il n'y en avait
que très-peu, il fut dit que leur succession serait réputée ouverte; que leurs héritiers présomptifs seraient investis de leurs biens.

Mais. quant à ceux qui avaient été bannis en masse, sans aucune forme de jugement, il est manifeste, par les termes exprès des deux lois ci-dessus, qu'ils ne furent jamais frappés de mort civile ; que, par conséquent, jamais leur succession ne put être réputée ouverte ; que conséquemment il n'y eut jamais dévolution de leurs biens à leurs héritiers présomptifs ; et que si néanmoins leurs biens furent remis à leurs héritiers, ce ne fut qu'à titre de dépôt, de garde provisoire, ainsi qu'il se pratique pour *les biens des absens*.

Comment donc, cependant, a-t-il pu se faire, que quand ces proscrits ont été admis à rentrer, et qu'ils se sont présentés pour reprendre ceux de leurs biens qui n'avaient pas été dévorés par la révolution, qui existaient encore en nature dans les mains de leurs parens, simples dépositaires ; on leur ait répondu qu'ils n'étaient pas fondés à les exiger, que ces parens n'étaient pas tenus de les leur restituer, qu'ils en étaient devenus propriétaires incommutables ?

C'est, on ne peut s'empêcher de le répéter, par la plus déplorable des erreurs.

§. V.

OBJECTIONS.

On a dit que les lois de fructidor ans 3 et 4 avaient

conféré à ces parens la possession de ces biens,
d'une manière absolue, et à titre irrévocable.

Le contraire vient d'être démontré.

On a dit que le sénatus-consulte de floréal an 10
interdisait aux déportés toute recherche de leurs
biens. — Quant à ceux qui avaient été *vendus* natio-
nalement à des tiers ; oui. — Mais quant à ceux qui
avaient été gratuitement remis à leurs parens, à titre
de dépôt ; — non.

On a opposé surtout *l'art.* 16 de ce sénatus-consulte, qui fut fait pour les émigrés seulement. et non
pour les déportés.

Que porte-t-il? Le voici :

« *Les individus amnistiés* ne pourront, en aucun
» cas et sous aucun prétexte, attaquer *les partages*
» *de présuccession, ou autres actes et arrangemens*
» *faits entre la république et les particuliers avant la*
» *présente amnistie.* »

Cela a-t-il le moindre rapport avec les *ecclésias-*
tiques déportés?

Avait-il été fait entre eux et la République, des
partages de présuccession.

Ces mots ne se rapportent, évidemment, qu'aux
pères et mères d'émigrés, qu'un décret avait con-

traints de faire, au fisc, un délaissement anticipé d'une portion de leur succession future.

Avait-il été fait entre la république et les parens des prêtres déportés, *des actes d'arrangemens* relativement aux biens de ces déportés ?

Pas davantage.

Les législatures de l'an 3 et de l'an 4 avaient tout simplement dit aux déportés : — Nous rougissons des mesures iniques qui avaient d'abord été prises à votre égard. Nous révoquons les séquestres mis sur vos biens. Nous ne voulons plus de biens si injustement confisqués. Nous ordonnons que ces biens soient remis ; savoir, à vous-mêmes, quand cessera votre déportation ou réclamation, et elle va bientôt cesser ; et, en attendant, à ceux de vos parens qui se trouveraient en degré de vous succéder, si vous venez à mourir avant la fin de votre exil.

En exécution de cette loi, les biens des déportés ont été relâchés par le fisc, et remis à certains de leurs parens.

Ils leur ont été remis à titre purement provisoire.

Ils leur ont été remis par une disposition toute gratuite, et sans que ces parens y eussent aucun droit réel, ni même aucune prétention.

Une telle remise, purement provisoire, absolument gratuite, ne peut être assimilée à aucun des *arrangemens* désignés dans l'art. 16 du sénatus-consulte.

(149)

Depuis la Restauration, on a, de plus, opposé *l'article 1er. de la loi du 5 décembre* 1814, ainsi conçu :

« Sont maintenus et sortiront leur plein et entier
» effet, soit envers l'Etat, soit envers les tiers, tous
» jugemens et décisions rendus, tous actes passés,
» tous droits acquis avant la charte constitution-
» nelle, et qui seraient *fondés sur des lois ou des*
» *actes du gouvernement* RELATIFS A L'ÉMIGRA-
» TION. »

Mais les actes ou arrêtés administratifs qui ont fait délivrance des biens des déportés à certains de leurs parens, ne furent pas fondés sur les lois relatives à l'émigration ; puisqu'au contraire, elles n'eurent lieu qu'après les lois de fructidor ans 3 et 4, qui avaient révoqué le décret de 93, qui venaient de proclamer que les lois concernant les émigrés n'étaient nullement applicables aux déportés.

Ainsi, l'art. 1er. de la loi du 5 décembre 1814 n'était aucunement susceptible d'être opposé aux déportés.

Concluons donc, sur ce point, que c'est à tort, par une fausse application du sénatus-consulte de l'an 10, et de l'art. 1er. de la loi de 1814, en contravention au véritable esprit des lois de fructidor ans 3 et 4, que jusqu'ici les ecclésiastiques déportés ont été repoussés du droit de reprendre ceux de leurs biens non-vendus, et existans en nature dans les mains des parens auxquels ils n'avaient été remis qu'à titre provisoire.

§. V I.

Droit des Déportés, quant à l'Indemnité.

Mais faut-il tenir qu'ils sont irrévocablement exclus de ces biens?

Faut-il tenir que non-seulement ceux vendus par le fisc, mais encore ceux gratuitement conférés à certains parens, sont perdus sans retour pour ces malheureux déportés? — Dans ce cas, il leur est dû indemnité, et tant pour les biens conférés à leurs parens, que pour ceux vendus par le fisc.

Car il résulte du texte formel de la loi du 27 avril dernier, des discours des organes du Gouvernement, des rapports faits aux deux Chambres, et de toute la discussion dont ils ont été suivis; que les trente millions de rente accordés par cette loi, sont destinés à indemniser non-seulement les émigrés, mais aussi *les* DÉPORTÉS, pour raison des *biens-fonds confisqués et aliénés* sur eux.

« Trente millions.... sont affectés à l'indemnité
» due aux Français *dont les biens-fonds.... ont été*
» *confisqués et aliénés en exécution des lois sur les*

» *émigrés*, LES DÉPORTÉS, *et les condamnés révo-*
» *lutionnairement.* »

On objecte que les biens des prêtres déportés, remis à leurs parens, n'ont pas été *aliénés* ; que ce mot *aliénés* ne peut s'entendre que des biens *vendus* par le fisc, et dont les prix de vente ont été versés dans les caisses de l'Etat ; que l'Etat ne peut être justement obligé à payer une indemnité, pour des biens qu'il n'a ni vendus, ni retenus ; qu'il a remis volontairement aux familles.

Mais, d'abord, il n'est nullement exact de dire que, dans la langue des lois et des contrats, le mot *aliéner* ne se prend que comme synonyme de *vendre*.

Il s'entend, au contraire, de toute espèce d'aliénation, de disposition, tant à titre gratuit qu'à titre onéreux. Voyez sur cela tous les Dictionnaires de Droit.

Et qu'importe, pour le propriétaire, à qui un pouvoir inique enlève son bien, que le ravisseur le vende ou le donne ?

Le dommage pour lui est toujours le même ; et, par conséquent, le spoliateur n'en est pas moins tenu, par toutes les lois de la morale, d'indemniser le propriétaire, s'il ne lui procure pas la restitution de son bien en nature.

Ici, le Gouvernement révolutionnaire n'a-t-il pas commencé par s'emparer des biens des malheureux prêtres dits réfractaires, pour les mettre sous sa main et en sa possession?

Puis, il est vrai, au bout de quelques mois, il veut bien s'en dessaisir; mais, au lieu de les restituer aux légitimes propriétaires, il les confère à certains individus qui n'y avaient aucun droit.

Il ne les leur remet, à la vérité, qu'à titre provisoire, et pour les rendre aux déportés, lorsque cessera leur déportation.

Mais, lorsque ceux-ci reviennent et se présentent, le Gouvernement qui a succédé au précédent, décide, à son tour, que ces biens resteront aux mains de ceux à qui son prédécesseur les avait remis.

Ainsi les propriétaires sont définitivement expropriés.

Ainsi leurs biens sont définitivement confisqués et *aliénés*.

Et une indemnité ne leur serait pas due!!!

Et lorsqu'enfin un Gouvernement légitime et réparateur est établi; lorsqu'il déclare solennellement vouloir réparer, autant que possible, les iniquités des gouvernemens de fait qui l'ont précédé; lorsqu'il déclare affecter un milliard à l'indemnité des Français qui ont été révolutionnairement dépouillés de leurs biens-fonds, soit comme émigrés, soit comme déportés, soit comme condamnés; ..

Se pourrait-il que les Conseils institués pour faire exécuter la loi, jugeassent que les plus à plaindre, les plus nécessiteux de ces Français spoliés, n'auront point part à l'indemnité!!!

Non, un tel système ne prévaudra point.

Et déjà nous trouvons dans l'Ordonnance royale du 1er. mai dernier, des expressions qui semblent décider nettement la question en faveur des déportés.

En effet, au titre 2, art. 5, nous lisons :
« L'ancien propriétaire des biens-fonds, qui, en
» exécution des lois sur les émigrés, les déportés et
» les condamnés révolutionnairement, ont été con-
» fisqués et aliénés, ou qui ont été donnés aux hos-
» pices... en remplacement de leurs biens vendus...
» soit *concédés gratuitement* à d'autres établisse-
» mens, OU A DES PARTICULIERS. . . . . .
» *Devront, pour obtenir l'indemnité, adresser*
» *une demande en liquidation au Préfet*, etc. »

D'après cet article, les déportés, ainsi que les émigrés, sont bien expressément appelés à l'indemnité, non-seulement pour raison de leurs biens-fonds confisqués et vendus, mais aussi pour ceux *concédés gratuitement*, soit à des établissemens, *soit à des* PARTICULIERS.

Or, encore une fois, s'il est vrai, comme l'ont décidé plusieurs jugemens, tant des tribunaux que de l'autorité administrative, que les biens des déportés, *remis gratuitement* à leurs parens pendant la révolution, leur ont été conférés à titre irrévocable, et que les déportés en sont exclus sans retour;

Il reste du moins pour vérité dernière, que ces mêmes déportés ont un droit incontestable à l'indemnité, pour raison de ces mêmes biens-fonds, tout ainsi que s'ils avaient été aliénés à titre onéreux.

AINSI ESTIMÉ *par l'ancien Jurisconsulte soussigné*, Avocat aux Conseils du Roi et à la Cour de cassation,

A Paris, le 7 juin 1825.

Signé GUICHARD.

QUESTIONS PROPOSÉES

RELATIVEMENT AUX DEUX CATHÉGORIES

*De la Loi du 27 Avril 1825,
sur l'Indemnité.*

« J'AI entendu plusieurs personnes ici prétendre qu'il suffit d'avoir été vendu postérieurement à la loi du 12 prairial an 3, pour avoir droit à demander d'être liquidé sur le pied de dix-huit fois le revenu de 1790; quand même la vente aurait eu lieu par adjudication aux enchères, après une simple estimation; parce que, dit-on, la loi du 27 avril dernier établit deux cathégories seulement de liquidation, qui doivent se régler uniquement d'après la date des ventes; savoir, celles faites antérieurement à la loi de prairial an 3, et celles postérieures à cette même loi.

» On ajoute, que si, postérieurement à cette loi de prairial an 4, des ventes ont encore été faites aux enchères, sur simple estimation par experts, et sans indication du revenu de 1790, ce n'en est pas moins ce revenu qui seul doit servir de règle pour fixer l'indemnité, relativement à ces ventes postérieures; et que les parties ne doivent pas souffrir de ce que les Administrations venderesses ne se seraient pas conformées à la loi, pour le mode de vente.

» D'autres pensent et disent que *la date* des ventes, avant ou après la loi de prairial an 3, n'est aucunement à considérer pour décider de la cathégorie, pour être placé dans la première ou dans la seconde; qu'il faut uniquement s'attacher à l'indication des *lois* énoncées dans l'acte ou procès-verbal de vente; que si la vente est énoncée faite en vertu des lois qui prescrivaient la recherche et indication du revenu de 1790, la liquidation doit être faite sur le pied de dix-huit fois le revenu de 90, quand même il n'aurait pas été constaté; que si les lois citées dans le procès-verbal d'adjudication, sont celles antérieures à prairial an 3, bien que la vente soit postérieure, c'est le prix de cette vente, réduit en numéraire d'après l'échelle, qui servira de base à la fixation de l'indemnité; qu'enfin, ce n'est pas *la date* de la vente, mais *l'énoncé de la loi* en vertu de laquelle elle aurait été faite, qui détermine la cathégorie.

» J'ai été vendu le 8 vendémiaire an 4, aux enchères, après une simple estimation, qui a servi de mise à prix. Je demande si je suis fondé à insister pour que mon indemnité soit réglée d'après le revenu de 1790. »

RÉPONSE.

Ni l'une ni l'autre de ces deux opinions ne nous paraît fondée.

(137)

Relisez l'art. 2 de la loi, les rapports et discours sur cet article, et vous vous convaincrez que la loi n'admet et n'a voulu admettre que deux bases de l'indemnité ; savoir : ou *le prix d'adjudication*, quand le bien a été vendu *aux enchères*, après une *simple estimation pour fixer la mise à prix ;* ou *le revenu de* 1790, quand ce revenu a été *constaté et indiqué*, par le procès-verbal même de l'adjudication, ou par des procès-verbaux antérieurs.

Tous les discours du ministre et du commissaire royal attestent qu'on n'a pas voulu admettre des estimations à faire maintenant, ni des recherches nouvelles pour trouver le revenu de 1790.

« Le Gouvernement, en venant proposer aux Chambres, une grande mesure, qui exige un grand sacrifice (disait entre autres M. *de Martignac*, séance du 3 janvier), ne peut se présenter à elles qu'avec des documens qui leur permettent d'en déterminer l'étendue. Notre premier devoir était de vous la faire connaître, et ce devoir ne pouvait être rempli, si la base de l'indemnité restait soumise à des opérations éventuelles, dont il serait impossible de prévenir les résultats...... Des visites, des expertises, placeraient les nouveaux propriétaires en contact prolongé avec les anciens, et ne conduiraient qu'à des résultats vagues, arbitraires, appuyés sur des souvenirs et des conjectures. »

S'il y a eu des ventes faites à la fin de l'an 4, sans observation des formes que prescrivaient les lois du 12 prairial an III, et du 28 ventose an IV ; c'est une irrégularité, sans doute ; mais, après tout, encore une fois, s'il n'y a pas eu alors de constatation du revenu de 1790, c'est le prix de vente, c'est le montant des valeurs reçues par l'État, qui seul déterminera le montant de l'indemnité ; à moins, toutefois, que l'objet vendu ne fût un corps certain, tel qu'un domaine, une ferme ou métairie, dont le revenu aurait été tout fixé et déterminé par un bail en bonne forme, visé ou mentionné dans le procès-verbal de vente, ou dans celui d'estimation ; car, alors, il n'y aurait aucune recherche à faire, aucune visite, aucune expertise.

Ce n'est donc point *la date* de la vente, mais bien *le mode* ou la manière dont elle a eu lieu, qui détermine la cathégorie de l'indemnitaire.

La simple énonciation de telle ou telle 1 i dans le procès-verbal de vente, ne peut davantage donner droit d'être placé dans la première classe, si d'ailleurs il n'y a nulle indication du revenu de 1790, ni dans l'acte de vente, ni dans les actes préparatoires.

Mais, toutes les fois que cette indication existera, et de manière qu'il n'y ait aucun motif d'en soupçonner la véracité, notre avis est que l'indemnité devra se régler d'après le revenu indiqué, en le multipliant dix-huit fois.

Car c'est certainement la base la plus certaine et la plus juste, celle qu'il était dans le vœu du Gouvernement d'adopter pour toutes les ventes, s'il eût été possible ; ainsi que cela résulte de toute la discussion.

Là où il n'y a eu qu'une simple visite d'experts pour fixer la mise à prix, l'estimation par eux faite, quelle qu'en soit la date, peut d'autant moins suffire pour faire ranger l'indemnitaire dans la première classe, que cette estimation a pu être faite d'après des données tout autres que le revenu de 1790.

Mais cette estimation rappelle-t-elle le revenu de 1790 ? est-elle faite d'après ce revenu ? Alors, nul doute, suivant nous, que l'indemnitaire est fondé à prétendre qu'il doit être placé dans la première cathégorie, que son indemnité doit être réglée d'après ce revenu de 1790.

Car voilà tout ce que demande, tout ce qu'exige le Législateur : que le revenu de 1790 ait été constaté, indiqué d'une manière positive ; qu'il soit constant, reconnu ; en telle sorte qu'il n'y ait actuellement aucune recherche ni expertise à faire.

Quand cette base existe, le législateur la préfère à toute autre. Il veut qu'elle seule serve de règle, comme étant tout à la fois la plus sûre et la plus équitable.

Cet esprit de la loi respire dans tous les discours du ministre, des rapporteurs et du commissaire du

Gouvernement, notamment, dans le dernier que cet éloquent orateur prononça devant la Chambre des Pairs, séance du 13 avril.

« Lorsque le Gouvernement, dit-il (p. 26), fut déterminé à proposer aux Chambres l'acceptation d'une indemnité, il sentit la nécessité d'asseoir cette indemnité, son évaluation, sa répartition, sur des bases positives, qui ne pussent rien laisser à l'arbitraire, à la faveur, ni à l'erreur. Il ne suffisait pas, en effet, que la distribution fût faite avec justice et impartialité ; il fallait encore que cela fût évident, incontestable, et que le soupçon et la calomnie ne pussent pas flétrir cette grande et noble opération.

» Pour arriver à ce résultat, il fallait chercher dans des *actes formels*, *déjà existans*, la valeur approximative des propriétés vendues.

» *Le meilleur moyen était d'en trouver le revenu.*

» En effet, Messieurs, la propriété en elle-même, quant à son capital, ne peut être estimée que par des comparaisons, des calculs, des appréciations. *Le revenu*, au contraire, est *un fait indiqué par un chiffre :* c'est donc *le revenu* qu'on doit chercher à connaître.

» On chercha, Messieurs, avec zèle, avec ardeur, avec un vif désir de rendre l'exécution digne du principe. On prescrivit de consulter les actes de vente, les rôles de contributions de 1793 . les *baux à ferme*, enfin la notoriété publique.

» Les directeurs des domaines apportèrent tous leurs soins à cette opération.

» Ils trouvèrent *l'indication du revenu*, pour les ventes faites en exécution des lois postérieures au 12 prairial an 3, parce que ces lois en ordonnaient l'insertion dans les actes.

» Il en fut autrement, pour les ventes antérieures.

» Le plus grand nombre des procès-verbaux n'en contient aucune mention.

» Dans leur silence, on recourut aux rôles de 1793 ; mais, dans beaucoup de départemens, ces rôles ne se retrouvaient pas.

» On rechercha *les baux à ferme ;* mais, dans les pays de petite culture, il n'existe pas de baux.

» Enfin, on invoqua la notoriété ; mais, après trente années, que pouvait fournir cette dernière ressource ?

» Il fallut renoncer à faire, du revenu, une base *générale et absolue ;* se déterminer à ne l'adopter, que *pour les ventes dont les actes en renfermaient l'indication ;* et en chercher une plus sûre pour les autres. »

Voilà qui justifie complètement, ce nous semble, l'opinion que nous avons ci-dessus émise ; que, soit avant, soit après la loi de prairial an 3, toutes les fois que les actes de vente énoncent, en termes positifs, le revenu de 1790, c'est ce revenu qui devra servir de base à la fixation de l'indemnité ; de quelque manière d'ailleurs que la vente ait été faite, soit par adjudication aux enchères, soit par contrat sur soumission.

G.

QUESTION D'OPPOSITION

PAR UN CRÉANCIER, CI-DEVANT ÉMIGRÉ, SUR L'INDEMNITÉ REVENANTE A UN AUTRE ÉMI-GRÉ. — PRESCRIPTION. — RENTE VIAGÈRE.

Voici en deux mots le fait :

Par contrat du 2 avril 1790, M. DE S..... avait constitué une rente viagère de 5,000 fr. au profit de M. DE N....

L'épouse de ce dernier, ayant obtenu sa séparation, fut autorisée, par jugement du 3 avril 1792, à toucher les annuités de cette rente, qui a fini en 1804, par le décès de M. N....

Il en était alors dû treize années, formant une somme de 65,000 fr.

Pour raison de cette somme de 65,000 fr., Madame de N.... a formé opposition sur l'indemnité que poursuit en ce moment la famille DE S....

Question. L'opposition formée par Madame DE N...... est-elle recevable? est-elle fondée?

§. Ier.

On lui oppose, d'abord, qu'il y a prescription de toute la créance, par la raison que cette créance repose sur un titre qui remonte à 1790; et que, depuis cette époque de 1790, il n'a été fait aucune poursuite, aucune demande.

Examinons ce premier point.

Le titre de la créance de Madame de N..., c'est le jugement du 3 avril 1792.

Le titre de la dette de M. de S...., c'est le contrat du 2 avril 1790.

Il paraît qu'il n'a été fait aucune poursuite contre M. de S...., en vertu de ces deux titres, jusqu'à ces derniers temps.

Et, dans les circonstances ordinaires, on serait sans doute fondé à dire que la créance est périmée.

En effet, il a toujours été de principe, dans l'ancien comme dans le nouveau régime, que le laps de trente ans sans poursuite ni demande, éteignait toutes actions quelconques entre particuliers, tant réelles que personnelles.

Mais il y avait exception à cette règle, toutes les fois que la créance concernait une personne qui avait été dans l'impuissance d'agir; d'après l'ancien axiome de droit : *Contrà non valentem agere nulla currit prescriptio.*

Or, dans l'espèce actuelle, s'il y a eu un laps de plus de trente années sans poursuite contre le débiteur; c'est par la raison d'un double empêchement qui ne fut que trop réel; savoir : l'émigration de Madame de N...., créancière, et l'émigration de M. de S...., débiteur; émigration pendant laquelle ces deux personnes furent réputées mortes civilement, et dans l'impuissance d'exercer aucune action, de former aucune demande.

A la vérité, il a été plusieurs fois jugé dans nos tribunaux, et notamment par un arrêt de la Cour de cassation, rendu sur un réquisitoire direct du célèbre Merlin, le 16 prairial an 12, que la prescription avait couru contre les émigrés pendant leur absence du territoire français, et pouvait leur être opposée depuis leur retour ; attendu que pendant leur émigration, ils avaient été représentés, tant activement que passivement, par le fisc.

Mais cette jurisprudence ne peut plus tenir aujourd'hui, d'après la loi du 27 avril dernier, qui a relevé les émigrés de toutes les incapacités et déchéances prononcées contre eux par les lois de la révolution; et qui, par suite, a aussi implicitement

relevé leurs anciens créanciers de toutes les pres-
criptions, expirations de délais et déchéances résul-
tantes des mêmes lois ; ainsi que l'a déclaré M. *Por-
talis*, dans son Rapport à la Chámbre des Pairs.

« Votre commission , dit-il , aurait désiré que l'ar-
» ticle eût dit en termes exprès , que la prescription
» n'avait pu courir contre les créanciers d'un émi_
» gré, durant le temps de l'émigration de son débi-
» teur; mais elle a été unanimement d'avis que le
» texte de la loi le disait implicitement , et qu'il y
» avait lieu d'ailleurs à l'application de cette maxime
» de droit : *Contra non valentem* .... »

§. I I.

Quant aux arrérages de la rente, il est bien vrai
que l'art. 2277 du Code civil déclare sujet à la prescription de cinq ans, les arrérages mêmes des rentes
viagères.

Mais il ne s'agit point ici d'arrérages courus depuis la promulgation de cette loi ; mais bien d'arrérages courus antérieurement, depuis 1770 jusqu'en
1804.

Le titre du Code civil sur la prescription n'a été
promulgué qu'en mars 1804.

Or, avant le Code civil, c'était un point de jurisprudence constant, que les rentes viagères n'étaient
point sujettes à la prescription de cinq ans ; les anciens arrêtistes sont univoques sur ce point.

On pouvait en réclamer jusqu'à vingt-neuf années, ainsi qu'à l'égard des rentes foncières, si le débiteur ne représentait pas de quittances.

Ici, on n'en réclame qu' treize années, qui, au décès du débirentier, formaient un capital de 65,000 fr.

La succession de M. de S.... est donc restée débitrice de ce capital.

§. I I I.

· Mais on objecte, contre la validité de l'opposition formée à l'indemnité, qu'il résulte de l'art. 18 de la loi du 27 avril dernier, qu'il n'y a que les créanciers de capitaux, qui soient admis à former des oppositions ; et qu'ici il s'agit de la créance, non d'un capital, mais d'une masse d'arrérages accumulés.

C'est entendre on ne peut plus mal l'art. 18.

Tous créanciers quelconques sont admissibles à former opposition à la délivrance de l'indemnité, d'après le principe élémentaire : qu'un débiteur est tenu de payer, *sur tous ses biens quelconques, meubles et immeubles, presens et à venir.* (C. C., art. 2092.)

L'art. 18 n'a parlé que des créanciers *porteurs, de titres antérieurs à la confiscation.* Pourquoi? parce qu'il voulait établir une grande différence entre eux, et ceux par titres postérieurs ; différence consistante en ceci seulement : que les créanciers porteurs de titres antérieurs, ne pourront réclamer que leur capital, sans intérêts; tandis que les créanciers par titres postérieurs pourront former opposition, tant pour le capital que pour les intérêts.

Et pourquoi les créanciers par titres antérieurs à l'émigration, ou plutôt à la confiscation, ne sont-ils admis que pour le capital ? Parce que, faute de s'être fait liquider en temps utile, ils étaient tombés en déchéance, et que la loi nouvelle ne les relève de cette déchéance, que pour le capital seulement, et non pour les intérêts.

On ne les relève que pour le capital seulement; et cela était juste, dit M. *Pardessus*, puisque l'Etat ne rend aux anciens propriétaires, qu'un capital, sans restitution d'aucuns fruits.

Ici, il s'agit bien d'une créance par titre antérieur à la confiscation ; mais on ne réclame aussi qu'un capital, ou qu'une fraction de capital, et sans intérêts.

En effet, de tout temps, on a considéré les annuités des rentes viagères, non comme des fruits ou intérêts du capital fourni, mais comme des fractions de ce capital même, qui se remboursent d'année en année; c'est pourquoi le créancier ne peut jamais, pour défaut de paiement de plusieurs années, exiger le remboursement entier de ce capital, dont il a déjà été payé des fractions ; ainsi qu'on peut le faire pour une rente constituée en perpétuel, quand le débiteur a manqué de la servir pendant deux années.

§. I V.

Mais, sur la quatrième question, consistant à savoir si les héritiers S.... pourront se libérer du montant de la créance, en abandonnant une somme égale en rente 3 pour 100 sur le grand-livre;

L'affirmative nous paraît indubitable, d'après ces termes exprès de l'art. 18 :

« Les anciens propriétaires, ou leurs représen-
» tans, auront droit de se libérer des causes de ces
» oppositions, *en transférant auxdits créanciers,*
» *sur le montant de la liquidation en rente 3 pour*
» *100, un capital nominal égal à la dette ré-*
» *clamée.* »

On objecte que la créance dont il s'agit n'a pris naissance qu'*à compter de chaque écheance d'ar-rérages;* qu'ainsi, les arrérages *antérieurs à la con-fiscation* sont les seuls qui pourraient être remboursés en 3 pour 100; et non les arrérages échus postérieurement, lesquels doivent rester dans la classe des créances ordinaires.

Nous ne pouvons admettre ce système; il est repoussé par les termes exprès de l'art. 18 :

« *Les créanciers porteurs de titres antérieurs à*
la confiscation...... »

Ici, vous vous présentez, bien certainement, avec un *titre antérieur à la confiscation;* et vous avez formé opposition *en vertu de ce titre.*

Donc, vous est applicable, cette disposition du même article: — « Les anciens propriétaires ou leurs représentans *auront droit de se libérer, en trans-férant,* etc. »

Comment, d'ailleurs, concilier cette distinction, que vous faites, entre les arrérages échus avant la confiscation, et ceux échus après; avec le principe invoqué par vous-même, que les sommes à payer annuellement par forme de rente viagère, sont censées des fractions du capital originairement versé aux mains du débiteur de la rente ; et dont il est débiteur dès l'instant qu'il a signé le contrat ?

Par l'ancien Jurisconsulte soussigné,

A Paris, 15 juin 1825.

G....

QUESTION D'EXTRANÉITÉ,

SOUS LE RAPPORT DU DROIT A L'INDEMNITÉ.

M. le baron de G...., né en Savoie, et dont le père était attaché à la personne du dernier Roi de Sardaigne, épousa, en 1785, Mademoiselle de Saint-P...., dont les père et mère demeuraient en Dauphiné.

Par suite de cette alliance, il acheta une terre près de la ville de Romans, où il faisait sa résidence la plus habituelle. Mais, lorsque survinrent les excès de la révolution, il crut prudent de se retirer en Suisse, et de là en Allemagne.

Il fut alors considéré comme émigré ; et, en conséquence, sa terre de Dauphiné fut mise sous le séquestre révolutionnaire, puis vendue en totalité.

Sous le Gouvernement impérial, M. le baron de G..... rentra en France, et continua d'y vivre dans la famille de son épouse. Non-seulement il payait toutes les contributions, mais il remplit même plusieurs fois des fonctions publiques, telles que celles d'officier municipal, d'électeur, de juré.

Depuis la séparation de la Savoie d'avec le territoire de France, il a continué de faire sa demeure la plus ordinaire en Dauphiné, dans une terre de son épouse, héritage de ses père et mère. Mais, en même temps, il n'a pas cru pouvoir se refuser à accepter près de S. M. le Roi de Sardaigne, un poste militaire important qui lui fut offert : il est capitaine d'une compagnie de ses gardes ; ce qui ne l'oblige qu'à une résidence de trois mois, par chaque année, en la ville de Turin.

C'est dans ces circonstances qu'il demande s'il est admissible à réclamer indemnité, pour raison de lï terre qu'il possédait, et qui a été vendue à son préjudice pendant la révolution.

La solution de cette question dépend uniquement du point de savoir si M. le baron de G...... est *Français?* Si la qualité de *Français* lui appartient en ce moment?

Car ce n'est qu'en faveur des individus *Français*, actuellement Français, que l'indemnité a été consentie.

Ceux qui ne l'ont jamais été, ou qui l'ayant été, ont cessé de l'être, ne peuvent prétendre à cette indemnité.

Les articles 1er. et 7 de la loi du 27 avril sont positifs sur ce point.

« Trente millions.... sont affectés à l'indemnité
» due par l'Etat *aux Français* dont les biens-fonds,
» situés en France, etc.... (Art. 1.)

» Seront admis à réclamer l'indemnité, l'ancien
» propriétaire, et à son défaut, *les Français* qui
» étaient appelés par la loi, ou par sa volonté, à le
» représenter à l'époque de son décès.... »

L'ordonnance royale du 1er. mai n'est pas moins expresse; et c'est pour que cette condition fondamentale ne puisse être éludée, qu'elle prescrit impérativement à tout demandeur, de joindre à sa pétition, *un extrait de son acte de naissance en due forme* (Art. 7 et 8.)

Voyons donc si M. le baron de G..... peut juste-ment prétendre avoir été et être encore *Français*.

D'abord, nul doute qu'il n'est pas né Français ; puisqu'il convient, au contraire, être né en Savoie, de père et mère Savoyards (ou Savoisiens), à une époque où ce pays ne faisait nullement partie de la France.

Mais nul doute aussi qu'il ne soit *devenu Fran-çais* à l'époque de la révolution, en vertu de cet art. 3 du tit. 3 de la Constitution de 1791, ainsi conçu :

« *Ceux qui, nés hors du Royaume, de parens* » *étrangers*, RÉSIDENT EN FRANCE, DEVIENNENT » FRANÇAIS, *après cinq ans de domicile continu* » *dans le Royaume; s'ils y ont, en outre, acquis* » *des immeubles, ou épousé une Française*, ou » formé un établissement d'agriculture ou de com- » merce, et s'ils ont *prêté le serment civique.* »

A l'époque où cette disposition constitutionnelle fut proclamée, M. le baron de G.... avait sa résidence en France depuis plus de cinq ans ; il avait épousé une Française : il avait acheté un immeuble ; et il est à présumer qu'il prêta le serment civique.

Cet article lui était donc applicable.

Il fut si bien considéré comme *Français*, à par-tir de cette époque, qu'on lui appliqua les lois qui faisaient défenses aux Français de sortir de France sans permission; que pour en être sorti sans autorisation, il fut porté sur la liste des émigrés · et que c'est pour cause de cette prétendue émigration, que sa terre fut confisquée et vendue.

Les différens décrets sur l'émigration ne comprenaient sous le nom d'émigrés, que *les Français de l'un et de l'autre sexe* qui avaient quitté le sol français depuis le commencement de la révolution. Voyez notamment l'art. 6 du fameux décret du 28 mars 1793.

En l'an 8 (1800), lorsque s'établit le Gouvernemant dit *consulaire*, il fut encore plus facile aux étrangers d'acquérir la qualité de *Français*.

Dans l'*Acte* dit *constitutionnel* de ce Gouvernement, publié sous la date *du 22 frimaire an 8*, on inséra l'article suivant :

« *Un étranger devient citoyen français*, lors-
» qu'après avoir atteint l'age de vingt-un ans ac-
» complis, et avoir *déclaré l'intention de se fixer*
» *en France*, il y a *résidé pendant dix années*
» *consécutives.* »

Ainsi, suivant cette loi de l'an 8, il n'était même plus nécessaire, à un étranger, pour devenir Français, d'acheter un immeuble, ni d'épouser une Française, ni de prêter le serment civique ; il lui suffisait de faire une *déclaration* de l'intention où il était de se fixer en France, et d'y demeurer, en effet, pendant *dix années consécutives*.

Donc, si M. le baron de G..... ne s'était pas trouvé Français à l'époque de cette loi, il le serait certaine-

'ment devenu en vertu de sa disposition; puisqu'il a continué de demeurer en Dauphiné, pendant bien plus de dix ans, puisqu'il y a rempli plusieurs fois, et pendant long-temps, des fonctions publiques, dont l'exercice supposait manifestement et nécessairement l'intention de se fixer en France.

Mais la qualité de Français n'eût-elle pas été acquise à M. le baron de G....., soit en vertu de la Constitution de 1791, soit en vertu de celle de l'an 8, il fût encore devenu Français, sous un autre rapport; savoir : par le seul fait de la réunion de la Savoie à la France; réunion qui eut lieu par décret du 27 septembre 1792, et qui a duré jusqu'à la fin de 1815.

Ici s'ouvre un autre ordre de choses.

Si M. le baron de G..... n'était devenu Français que par le seul effet de cette réunion de territoire, il serait redevenu étranger, à l'instant où la Savoie fut distraite de la France.

Et sa condition serait régie par la loi suivante :

Loi *du 14 octobre 1814, concernant les habitans des pays détachés de la France.*

ART. 1. « Tous les habitans des départemens qui avaient été réunis au territoire de la France depuis 1791, et qui, en vertu de cette réunion, se sont établis *sur le territoire actuel de la France*, et y ont résidé, sans interruption depuis dix années, et depuis l'âge de 21 ans ; sont censés avoir fait la déclaration exigée par l'art. 3 de la loi (constitution) du 22 frimaire an 8 ; à la charge par eux de déclarer, dans le délai de trois mois à dater de la publication de ces présentes, qu'ils persistent dans la volonté de se fixer en France. — Ils obtiendront, à cet effet, de Nous, des *lettres de déclaration de naturalité ;* et ils pourront jouir, dès ce moment, des droits de *citoyens français ...* »

ART. 2. « Ceux qui n'ont pas encore dix années de résidence réelle dans l'intérieur de la France, acquerront les mêmes droits de citoyens français, le jour où leurs dix ans de résidence seront révolus ; à charge de faire, dans le même délai, la déclaration susdite. »

ART. 3. « A l'égard des individus, *nés, et encore domiciliés* dans des départemens, qui, après avoir fait partie de la France, en ont été séparés par les derniers traités ; nous pourrons leur accorder la permission de s'établir dans notre royaume ; et *d'y jouir des droits civils.* — Mais ils ne pourront exercer ceux de *citoyens français,* qu'après avoir fait la déclaration prescrite, après avoir rempli les conditions imposées par la loi du 22 frimaire an VIII, et avoir obtenu de Nous des lettres de déclaration de naturalité. »

Comme on le voit, cette loi, uniquement relative aux habitans des départemens réunis, puis détachés de la France, les distingue en deux classes ou cathégories:

1°. Ceux qui, par suite des réunions, se sont établis, et qui demeurent encore *sur le territoire actuel de la France ;*

2°. Ceux qui sont restés domiciliés dans les pays momentanément réunis, puis séparés de la France.

A l'égard des premiers, ils pourront rester français, et jouir de tous les droits de *citoyens français;* mais, à la charge de prendre des *lettres de déclaration de naturalité*, lesquelles leur seront accordées sans difficulté, en déclarant qu'ils persistent dans la volonté de se fixer en France.

A l'égard des seconds; s'ils veulent simplement résider en France, et y jouir des *droits civils*, cette permission leur sera accordée par des lettres dites *de domicile*. S'ils veulent devenir tout-à-fait *citoyens français*, et jouir des droits politiques attachés à cette qualité, ils seront tenus de prendre des lettres *de naturalisation*.

Chacun sait qu'il y a une notable différence entre l'état d'un étranger simplement admis à prendre domicile en France, et à y jouir des *droits civils;* et l'état d'un étranger naturalisé français, admis à exercer les droits de *citoyen français.*

Le premier conserve toujours la qualité d'étranger, et jouit simplement des *droits civils*, en France, tant qu'il y réside; *droits civils* qui ne sont pas les mê.nes que les *droits de citoyen*.

Le second seul devient véritablement *citoyen fran-çais*, et jouit des droits *civiques*, ou *de cité*; lesquels sont quelque chose de plus que les simples *droits civils*.

Or, M. le baron de G..... a-t-il obtenu des lettres de naturalisation, en vertu de la loi ci-dessus?

Rien ne l'indique dans sa note; et il n'en avait nul besoin.

Remarquez bien, en effet, que la loi de 1814 n'assujettit à prendre des lettres de naturalisation, que les individus qui n'étaient venus s'établir dans l'intérieur de la France, qu'après la réunion de leur pays, et en vertu de cette réunion.

« Tous les habitans des départemens qui avaient » été réunis au territoire de la France depuis 1791, » *et qui*, EN VERTU DE CETTE RÉUNION, *se sont* » *établis, etc.....* »

/ Ainsi qu'on l'a vu plus haut, M. le baron de G... avait transféré son domicile en France, dès 1785, avant la réunion de la Savoie, qui n'eut lieu qu'à la fin de 1792.

Lorsqu'arriva cette réunion, déjà il était investi de la qualité de citoyen français, en vertu de l'art. 3 du titre 2 de la Constitution de 1791.

Cette qualité lui avait été confirmée par la Consti-

(178)

tution de l'an 3, dont l'art. 10 était la répétition de celui de 91.

Cette qualité lui avait encore été conférée, de plus fort, par la Constitution de l'an 8.

Aucune de ces trois constitutions, ni aucune des lois contemporaines ne prescrivaient de lettres de naturalisation.

Ce ne fut qu'en 1808, par un Sénatus-consulte du 19 février, que le Gouvernement d'alors jugea convenable de rétablir l'usage des *lettres de naturalisation*, mais pour le cas seulement où il voudrait conférer à un étranger, sans l'accomplissement des conditions prescrites par la constitution, la jouissance des droits de citoyen français.

La conséquence à tirer de tout ce qui vient d'être exposé, c'est que M. le baron de G..... était certainement investi de la qualité de *citoyen français*, lorsque la Restauration est arrivée; lorsque les Gouvernemens légitimes de France et de Sardaigne ont été reconstitués; lorsque le Royaume de France a été restreint à ses anciennes limites.

Mais reste à savoir si depuis il n'a pas perdu cette qualité.

« *La qualité de Français se perdra* (répond l'ar» ticle 17 de notre Code civil) 1°. par la naturalisa» tion acquise en pays étranger; — 2°. par l'accep-

» tation, non autorisée par le Gouvernement, de
» fonctions publiques conférées par un Gouverne-
» ment étranger, etc. »

Les Constitutions de 1791, de l'an 3 et de l'an 8, avaient déjà prononcé cette déchéance, à peu près dans les mêmes termes.

De l'aveu de M. le baron de G....., depuis la restauration du Royaume de Sardaigne, il s'est attaché à la personne de SA MAJESTÉ SARDE, de la manière la plus intime.

Il a accepté la place de capitaine d'une compagnie de ses gardes.

Il est par conséquent devenu l'un de ses premiers sujets.

Il lui a prêté nécessairement serment de fidélité et de dévouement.

Il a promis de le servir et défendre contre la France même, si une guerre venait a éclater entre les deux Couronnes.

Par l'acceptation de cette place, M. le baron de G.... a donc cessé d'être français.

Il a abdiqué sa patrie adoptive, pour retourner à celle où il était né.

Peu importe qu'il ait continué de résider en France pendant la plus grande partie de l'année.

On ne peut avoir deux Patries à la fois.

On ne peut appartenir à deux Gouvernemens différens.

Ce n'est qu'autant qu'il aurait pris préalablement l'autorisation expresse du Monarque français, qu'il eût en conséquence promis de ne jamais porter les armes contre la France, qu'il pourrait prétendre avoir conservé la qualité de citoyen français.

Mais rien n'annonce qu'il ait pris cette autorisation.

Rien n'annonce qu'il ait mis aucune restriction au serment qu'il a dû nécessairement prêter à Sa Majesté Sarde.

S'il est ainsi, s'il a négligé de prendre aucune autorisation du Gouvernement français, il est grandement à craindre que lorsqu'il se présentera à ce même Gouvernement, pour réclamer l'indemnité de sa terre du Dauphiné, révolutionnairement vendue, on ne lui oppose qu'il n'est point admissible; que par l'acceptation non-autorisée d'une place qui l'attache si étroitement à un Prince étranger, il est devenu étranger lui-même; qu'il a volontairement abdiqué la qualité de *Français*, qui pouvait lui être précédemment acquise; et que la loi du 27 avril dernier n'admet à l'indemnité que les sujets *Français*; que ceux qui non-seulement étaient Français au moment de la vente de leurs propriétés, mais qui le sont encore aujourd'hui.   G......

Nota. — D'autres Questions, non moins importantes, seront traitées au Cahier suivant.

RÉSUMÉ DE DIVERSES DÉCISIONS
ET EXPLICATIONS,

Données par S. Exc. le Ministre des Finances, en Réponse à des Questions à lui proposées par MM. les Préfets.

1. *Actes de naissance*. Les légataires sont assujettis, comme les héritiers du propriétaire dépossédé, à produire leurs actes de naissance.

Quand c'est une femme qui réclame, elle doit fournir celui de son mari, pour justifier qu'elle n'a point épousé un étranger.

En cas d'impossibilité absolue, il faut y suppléer, en suivant les règles établies par le Code civil.

2. *Les actes de naissance et de décès* doivent être produits en due forme. Ils ne sauraient être délivrés sur papier libre. Ils ne peuvent être assimilés à des actes sous seings privés.

3. Les décès arrivés en pays étrangers, doivent être constatés dans les formes propres à ces pays. (Art. 47 du Code civil.)

4. En cas d'impossibilité de se procurer les actes de décès, on pourra y suppléer par un acte de no-

toriété, dressé par le juge de paix du dernier domicile de la personne présumée morte, et homologué par le tribunal de l'arrondissement, à qui il appartient d'admettre ou de repousser la preuve par témoins, suivant les circonstances.

Quand les certificats d'admnistie relatent l'époque de la mort d'un ancien propriétaire, il doit être admis comme suppléant l'acte de décès.

5. *Les actes de notoriété* peuvent être indifféremment rédigés en brevet ou avec minute, au gré des parties. (Art. 20 de la loi du 25 ventose an 5.)

Ils peuvent être délivrés concurremment par les notaires et par les juges de paix.

6. *Les créanciers* sont admissibles à réclamer l'indemnité, au lieu et place de leur débiteur, suivant les règles du Droit commun.

7. Il doit être formé autant *de demandes en indemnité* qu'il y a eu de propriétaires frappés de confiscation. Un individu qui aurait une indemnité à réclamer de son propre chef, et une autre du chef de son auteur, ne doit pas cumuler ces deux demandes dans une même pétition.

8. Les co-intéressés à une même liquidation ne sont pas précisément tenus de s'unir pour former une demande collective; mais cette union est désirable, pour éviter de doubles démarches et des retards inévitables.

9. Pour qu'un héritier puisse demander et agir

pour ses co-héritiers, il est indispensable qu'il ait un mandat formel de leur part, et qu'il en justifie ; autrement, il est sans qualité, et ne peut agir que pour lui.

10. Toute demande parvenue à la Préfecture, doit être aussitôt portée sur le registre, encore qu'elle ne soit pas acccompagnée de toutes les pièces justificatives ; mais il ne sera procédé à la confection du bordereau, que lorsque les pièces justificatives auront été jointes.

11. Il est dans le vœu de la loi que les demandes soient faites et suivies par les Parties elles-mêmes· Mais on ne peut refuser d'inscrire une demande présentée par un fondé de pouvoirs, muni d'une procuration légale dont il justifie.

12. Les demandes en indemnité sont comprises dans l'exception faite par l'art. 61 de l'ordonnance, relative au timbre.

La même exemption s'applique à tous actes sous seings privés tendant uniquement à la liquidation de l'indemnité, aux extraits de procès-verbaux d'estimation et d'adjudication délivrés par les Administrations ; à tous les actes de la Commission ; mais non aux extraits des registres de l'état civil, aux actes des notaires, et autres actes publics et authentiques, qui ne peuvent être délivrés que dans les formes prescrites en cette partie.

13. Il est bien entendu que dans les cas où l'ou-

(184)

verture de la succession est toute prouvée par des actes authentiques, il n'y a pas lieu d'exiger la production de l'acte de décès de l'individu au nom duquel on réclame l'indemnité.

14. Dans le cas d'insuffisance des pièces jointes à la pétition, c'est tout simplement le cas d'écrire aux réclamans de compléter leur production, sans leur renvoyer la pétition même, qui doit toujours demeurer et être regardée comme acte conservatoire, pour prendre date, et empêcher la prescription.

15. C'est toujours au Préfet *de la situation actuelle des biens*, que doit être adressée la demande en indemnité ; quand même ils auraient fait ci-devant partie d'un autre département.

16. Biens ci-devant affectés à des *sénatoreries* ou à *la Légion d'honneur*, sans estimation préalable, ou à la *Caisse d'amortissement*, et ensuite vendus aux enchères, suivant le mode prescrit par la loi du 5 ventose an 12 : comment devra s'en régler l'indemnité ? — Renvoi aux articles 16 et 17 de la loi du 27 avril, et à l'art. 28 de l'ordonnance.

17. *Héritiers* et autres représentans de l'ancien propriétaire, doivent-ils aussi prouver leur *identité* par un *acte de notoriété?* — Cette identité doit presque toujours résulter des actes exigés par les articles 8, 9 et 10. Si cependant il y avait sujet d'en douter, les Préfets peuvent en exiger la justification par telles pièces qu'ils jugeraient nécessaires ; et si la

demande était collectivement formée par plusieurs héritiers domiciliés dans divers départemens chacun d'eux peut faire constater son *identité* par le juge de paix de son domicile.

18. Si l'acte d'identité est délivré en *brevet*, il est signé du juge de paix. S'il est dressé en minute, c'est le greffier qui en délivre l'expédition et qui la signe. Dans l'un et l'autre cas, si l'acte est destiné pour un département autre que celui du juge de paix, sa signature, ainsi que celle de son greffier, doit être légalisée par le président du tribunal d'arrondissement. La minute et l'expédition demeurent soumis au timbre et à l'enregistrement ordinaires.

19. La simple mention d'un décès ou d'une naissance, faite dans un autre acte de l'état civil, ne saurait suppléer l'acte de ce décès ou de cette naissance. Il en serait autrement, si un extrait de l'acte de naissance ou de décès se trouvait textuellement relaté dans un acte notarié. (*V.* le n°. 12, ci-devant.)

20. Les testamens, donations et actes de partage qui n'auraient pas été timbrés ni enregistrés dans les délais prescrits, devront nécessairement être revêtus de cette formalité, pour être produits à l'appui d'une demande d'indemnité ; et si le double droit ou l'amende sont encourus, on ne pourra en être relevé que par le Ministre, près duquel les parties devront se pourvoir à cet effet.

21. Toute demande en indemnité doit contenir la

déclaration que le réclamant est ou n'est pas rentré dans la possession des biens : règle absolue et sans exception. (Art. 6 de l'ordonnance.)

22. Les *procurations sous seings-privés* doivent nécessairement être sur papier timbré et enregistrées. De plus, la signature du mandant doit être légalisée, ou par un notaire, ou par le maire de sa commune; et dans ce dernier cas, la signature du maire doit elle-même être légalisée par le Préfet, si cette procuration doit être employée hors du département

23. L'art. 61 de l'ordonnance dispense bien de la formalité du timbre, les actes des administrations qui seront à produire; mais cette exemption ne peut s'étendre au *droit de double expédition*, qui est un droit faisant partie des fonds départementaux.

24. Lorsqu'il y aura plusieurs ayans-droit à la liquidation de l'indemnité due au même propriétaire, et qu'ils ne se seront pas réunis pour réclamer, il faudra bien que MM. les Préfets fassent faire une copie du bordereau général qui aura servi au bordereau particulier dressé sur la réclamation de chaque partie, puisque ce bordereau général doit être discuté par tous ceux qui y ont intérêt, et qu'il détermine la quotité des répétitions de chacun.

25. *Déductions.* Devra-t-on déduire de l'indemnité, les rentes dues par l'ancien propriétaire, à des établissemens religieux supprimés? — Oui; puisque c'est une charge qui se trouve anéantie au profit de

l'ancien propriétaire, par le fait de l'Etat; et l'on ne voit pas de différence entre une rente ainsi éteinte, et une dette payée.

26. Des porteurs de procuration ont pris la voie de faire notifier aux Préfets, par ministère d'huissier, la réquisition de faire procéder dans un bref délai à la liquidation de l'indemnité due à leurs commettans. Forme illégale et inadmissible, puisqu'il suffit d'une simple pétition, sans frais, remise ou adressée à la Préfecture, et que d'après l'art. 16 de l'ordonnance, des extraits du registre d'inscription de toutes les demandes sont délivrés à toutes personnes y ayant intérêt.

27. *Créanciers.* Peuvent-ils, indépendamment de leur opposition formée au Ministère des Finances, sur l'indemnité due à leur débiteur, former et instruire eux-mêmes la demande en liquidation de cette indemnité? Leur demande peut être reçue provisoirement, pour mettre la créance à l'abri de la déchéance. Mais, cela fait, il convient de suspendre l'instruction de la liquidation jusqu'à ce que le créancier justifie du consentement ou de l'abandon à lui fait par l'ayant droit à l'indemnité, ou qu'il rapporte un jugement qui l'autorise à poursuivre la liquidation en son lieu et place.

28. Avis du Préfet. Doit être donné séparément de celui du Conseil de préfecture, quand il y a dissentiment entre lui et le conseil.

29. Relativement aux biens vendus d'après la loi du 28 ventose an 4, et dont l'indemnité devra être réglée sur un capital formé de dix fois le revenu de 1790, lorsqu'il y aura eu vente de baliveaux sur taillis et d'arbres épars, non compris dans le bail, il y aura lieu de prendre *la vingt-deuxième partie* du prix de ces arbres, et de la réunir au prix annuel du bail, pour en composer le revenu, dont le capital, au denier dix-huit, servira de base à l'indemnité.

30. Lorsque des héritiers se présentent aux droits de leur auteur, ils ne sont nullement tenus de fournir un certificat attestant qu'il est mort sans faire de testament. C'est aux héritiers testamentaires, s'il en existe, à se faire connaître, et à produire le testament.

31. Au cas de plusieurs héritiers réclamant du chef de l'ancien propriétaire dépouillé, si la portion d'indemnité revenante à chacun d'eux n'excède pas 250 fr. de rente, l'inscription en aura lieu à son profit, en totalité, sans division par cinquième d'année en année; encore bien que le montant de la liquidation faite au nom de l'ancien propriétaire, pour le total des biens vendus sur lui, surpasse de beaucoup ce taux de 250 fr.

32. Dans les cas où l'indemnité doit être réglée d'après les prix de vente, la loi prescrit de réduire les papiers reçus en paiement, sur l'échelle de dépréciation pour les assignats et les mandats; et sur le *ta-*

bleau des cours pour les autres effets, tels que *bons de deux tiers*, *bons du tiers consolidé*, *inscriptions*, etc. Or, on a observé que ces effets se trouvaient quelquefois cotés le même jour, à plusieurs cours différens. Alors on devra réduire la valeur de ces papiers donnés en paiement, *d'après le cours le plus elevé* au jour du versement

33. Le dernier paragraphe de l'art. 6 de l'ordonnance du 1er. mai veut que toute demande en indemnité soit appuyée des titres et pièces nécessaires pour établir la qualité d'ayant droit à l'indemnité.

L'art. 7 détermine quelles seront ces pièces quand l'indemnité sera réclamée par l'ancien propriétaire lui-même.

L'art. 8, quelles seront celles que devront produire les Français appelés par la loi ou par la volonté de l'ancien propriétaire, à le représenter à l'époque de son décès.

Enfin, les articles 9, 10, 11, 12, 13, 14 et 15 du titre 2 de l'ordonnance précitée, indiquent les pièces à fournir dans les différens cas prévus, soit par les Françaises veuves ou descendantes d'émigrés, déportés ou condamnés révolutionnairement, ou par leurs enfans : soit par les ascendans d'émigrés acquéreurs de la portion de leurs biens-fonds attribuée à l'État par le partage de présuccession, ou par leurs héritiers qui auront supporté la perte, soit par les légitimaires ou leurs représentans, soit par l'au-

cien propriétaire rentré en possession des biens confisqués sur lui, ou par ses héritiers.

S'il est toutefois reconnu que la production des
titres et pièces indiqués par ces articles soit insuffi-
sante pour établir la qualité d'ayant-droit à l'indemnité; MM. les Préfets ont la faculté et le devoir de
réclamer telle autre pièce qu'ils estimeraient nécessaire pour prévenir les doubles emplois et les erreurs
dans la confection des bordereaux : toute latitude
leur est laissée à cet égard, ainsi qu'aux parties elles-
mêmes, pour arriver à compléter, autant que possible, l'établissement des droits et qualités des réclamans.

34. En l'an 5, une ascendante dut justifier d'une
manière probante, à l'administration, pour rentrer
dans des biens séquestrés et non vendus, qu'elle
était veuve de M....., et habile à se dire, selon la lé-
gislation du temps, unique héritière de sa fille, née
de ce premier mariage et prédécédée.

Elle réclame aujourd'hui, au même titre, l'indemnité résultant de la vente qui fut faite révolutionnairement d'une petite portion de marais salans, et
rappelle dans sa demande les justifications qu'elle fit
en l'an 5, et qu'elle ne croit pas nécessaire de re-
produire, puisque sa position est absolument la
même.

Les pièces n'ont point été retrouvées; mais l'arrêté de l'ex-administration centrale les ayant relatées

avec un soin presque minutieux, on a cru qu'il suf-
firait d'en joindre une copie régulière à la demande
de la réclamante, pour mettre le directeur des domaines à même de dresser le bordereau, lorsqu'il serait en mesure de le faire.

Le directeur des domaines a objecté que cet arrêté ne pouvait suppléer à la présentation des pièces
elles-mêmes. L'objection est fondée : mais il serait
aussi trop rigoureux qu'un acte régulier, où se
trouve relatée avec soin la série de titres d'où résulte
un droit qui a été reconnu et exercé, ne pût suppléer
devant l'administration à l'absence de ces titres, et
qu'un directeur ne pût, sur la production d'un acte
semblable, procéder à la formation du bordereau de
l'indemnité réclamée.

Les certificats d'amnistie qui relatent l'époque de
la mort d'un ancien propriétaire dépossédé, m'ayant
déjà paru pouvoir être admis pour suppléer à l'acte
de son décès, j'ai pensé, par analogie, que l'arrêté
en question pouvait suppléer à la présentation des
pièces elles-mêmes : c'est au directeur à faire, d'a-
près l'art. 33 de l'ordonnance, telles observations qu'il
jugera convenables sur les pièces produites par les
parties, et sur les qualités qu'elles ont prises; observations qui seront d'abord pesées en conseil de préfecture, et appréciées ensuite par la commission de
liquidation.

Dans des cas analogues, vous pourriez donc admettre, M. le Préfet, pour suppléer à des pièces, l'arrêté d'une administration centrale, dans lequel on les aurait exactement relatées.

Cependant, vous ne devez jamais perdre de vue que toute demande doit être appuyée des titres et pièces nécessaires pour établir la qualité d'ayant-droit à l'indemnité, dans les différens cas prévus par l'ordonnance du 1er. mai, à laquelle il est tout-à-fait dans l'intérêt des réclamans de se conformer scrupuleusement, pour ne pas les exposer à des retards qui seraient inévitables si leur production était incomplète.

35. Il paraît qu'antérieurement à la publication de la loi du 27 avril dernier, des ayant-droit à l'indemnité se sont laissé séduire par des agens d'affaires, qui leur ont fait souscrire des cessions de leurs droits presque gratuites, ou d'autres marchés on ne peut plus désavantageux. Ils ont demandé au Ministre de les faire relever de ces engagemens. — Le Gouvernement a fait tout ce qui était en son pouvoir pour les prémunir contre ces surprises. Si, nonobstant ses avertissemens, ils ont traité de leurs droits avec des agens peu délicats qui les ont trompés, ils ne peuvent en accuser que leur imprévoyance ; il ne leur reste que leur recours aux tribunaux, en invoquant les articles 1109, 1116 et suivans du Code civil.

TABLE DES MATIÈRES DU 3ᵉ CAHIER

Nota. — De mois en mois ou environ, il sera publié un Cahier de Supplément, contenant les Ordonnances, Décisions administratives, Jugemens et Arrêts des tribunaux, qui auront été rendus dans l'intervalle, ainsi que des Avis et Solutions sur toutes questions relatives à l'Indemnité des Émigrés.

Les Personnes qui désireraient être assurées de les recevoir aussitôt leur apparition, pourront s'abonner d'avance, pour chacun du Cahiers, moyennant 5 ou 10 fr., chez Madame veuve PORTHMANN, Imprimeur, rue Sainte-Anne, n° 43; et ces Cahiers leur seront gracieusement envoyés à domicile, et port franc, à mesure qu'ils paraîtront.